INSTITUT IMPÉRIAL DE FRANCE.

DE LA LANGUE
ET DE
LA NATIONALITÉ GRECQUES

RÉFLEXIONS SUR QUELQUES DOCUMENTS HISTORIQUES
DU TEMPS DE LA PRISE DE CONSTANTINOPLE PAR LES TURCS

PAR M. EGGER

Lues à la séance publique annuelle des cinq Académies le 16 août 1864.

PARIS,
TYPOGRAPHIE DE FIRMIN DIDOT FRÈRES, FILS ET Cie
IMPRIMEURS DE L'INSTITUT IMPÉRIAL DE FRANCE, RUE JACOB, 56.

M DCCC LXIV.

INSTITUT IMPÉRIAL DE FRANCE.

DE LA LANGUE
ET DE
LA NATIONALITÉ GRECQUES

RÉFLEXIONS SUR QUELQUES DOCUMENTS HISTORIQUES
DU TEMPS DE LA PRISE DE CONSTANTINOPLE PAR LES TURCS

PAR M. EGGER

Lues à la séance publique annuelle des cinq Académies le 16 août 1864.

Tout le monde connaît ces paroles qui terminent les célèbres *Considérations* de Montesquieu *sur les causes de la grandeur des Romains et de leur décadence :*

« Je n'ai pas le courage de parler des misères qui suivi-
« rent. Je dirai seulement que, sous les derniers empereurs,
« l'Empire, réduit aux faubourgs de Constantinople, finit

« comme le Rhin, qui n'est plus qu'un ruisseau quand il se « perd dans l'Océan. »

Cette comparaison, moins exacte peut-être qu'oratoire, exprime pourtant avec vérité le sentiment de tristesse qu'inspire au philosophe le spectacle d'un grand peuple qui se corrompt, dépérit, succombe enfin par ses propres fautes et sous les attaques d'ennemis indignes eux-mêmes de le remplacer sur la scène du monde. L'abaissement général des sciences, des lettres, des arts, de tout ce qui fait la force et l'honneur de l'esprit humain, marque, en effet, les dernières années de Byzance chrétienne. L'architecture et la statuaire, mais surtout la numismatique et la littérature, dans la grossièreté de leurs œuvres, portent de plus en plus témoignage d'une irréparable décadence. Rien n'est douloureux comme de voir ainsi s'obscurcir et s'éteindre les lumières de l'hellénisme sur le sol où il avait jeté tant d'éclat. Néanmoins ce spectacle a de quoi nous attacher encore par le contraste des souvenirs; il renferme des leçons utiles que, même après Montesquieu, un modeste observateur peut essayer d'en faire sortir; ce n'est pas en vain que l'Europe a vieilli de cent cinquante ans depuis le livre des *Considérations*. Le progrès des événements et celui de la critique éclairent parfois d'un jour nouveau quelques pages de l'histoire que le génie d'un grand homme a pu jadis négliger.

Cela peut-être me servira d'excuse, si je viens soumettre à cette assemblée quelques réflexions sur d'humbles monuments de la littérature byzantine au XVe siècle.

Il y a pour l'art de parler, comme pour les autres arts, deux espèces de barbarie : celle qui précède la civilisation et celle qui la suit. L'esprit se plaît à rechercher dans la première les germes qui doivent se développer et produire, avec le temps, des œuvres de science et de goût; il est alors soutenu par une curiosité pleine d'espérance. L'autre barbarie, celle qui apparaît sur les ruines d'un passé glorieux, loin de nous attirer, nous afflige par la comparaison de ses grossiers produits avec la fleur élégante que des siècles plus heureux ont vu s'épanouir, et qui semble flétrie pour jamais. Les plus anciennes inscriptions latines et les premiers essais de l'éloquence écrite, dans les fragments du vieux Caton, ont pour nous un certain charme : la naïveté n'y est pas sans vigueur, l'inexpérience y montre, en ses tâtonnements pour atteindre le beau, un effort qui nous intéresse et nous donne confiance. En présence de ces pages informes on devine et l'on pressent déjà la prose oratoire de Cicéron. Mais, à voir cette beauté de la langue cicéronienne se déformer à son tour et s'abâtardir dans les temps de décadence, nous éprouvons je ne sais quelle impression de tristesse et de découragement; car nous mesurons ce que l'esprit humain a perdu, mais nous ignorons si cette perte sera un jour réparée, et il nous est difficile d'apercevoir par quels moyens mystérieux la Providence fera sortir un ordre nouveau du milieu de ce désordre, et comment, sur les ruines d'une langue jadis éloquente et poétique entre toutes, germeront des idiomes destinés à fleurir eux-mêmes par l'éloquence et la poésie.

Ce contraste de la barbarie et de la perfection classique nous est peut-être plus pénible encore dans l'histoire de la langue grecque que dans celle de la langue latine, parce que nous connaissons à peine les premiers essais de la poésie et de la prose helléniques. Le sort a voulu qu'il ne nous restât pas, en vers, une page authentique antérieure à l'*Iliade* et à l'*Odyssée*, et qu'il nous restât à peine quelques pages de prose antérieures à Hérodote. Ainsi le grec se présente à nous tout d'abord, sinon avec les perfections de la maturité, au moins avec l'éclat d'une jeunesse florissante. Nous le voyons ensuite, pendant sept ou huit siècles, s'approprier, avec une souplesse merveilleuse, aux mille inspirations de la poésie et de la science, aux besoins divers d'une société active jusqu'à l'inconstance, et qu'agitaient sans cesse les plus nobles ambitions de l'âme humaine : on croirait que cette langue est inépuisable et que la décrépitude ne pourra jamais l'atteindre. Même dans la décadence de l'Empire, les écoles d'Orient conservent obstinément le culte des anciens modèles. Sous les dernières menaces de l'oppression musulmane, elles commentent encore Homère et Démosthène ; le style oratoire, surtout, et le style philosophique y conservent une étonnante pureté. Au XIVe siècle, on déclame à Constantinople avec la même élégance qu'au temps des Antonins ou de saint Basile. Par la force même des choses, le style théologique, moins pur et moins égal, se maintient pourtant à un certain degré de noblesse. Le grec demi-populaire de l'Évangile a, de bonne heure, mêlé quelques expressions et quelques tours peu attiques au langage des prédicateurs et des controversistes chrétiens ; mais, une fois consacrée dans l'usage, cette grécité inférieure prévient, du moins, une corruption plus grande. L'autorité des livres saints et l'usage de les lire dans les églises, d'en apprendre et d'en réciter quelques pages parmi les offices, empêchent que le langage de la religion ne se défigure et fixent comme un niveau moyen au-dessous duquel, pendant longtemps, on ne descendra plus.

Et pourtant ce niveau finit par s'abaisser encore.

Il est impossible qu'un peuple en décadence préserve sa langue de toute fâcheuse atteinte. La civilisation, en se dissolvant, entraîne dans sa ruine les arts qui avaient grandi avec elle ; l'art d'écrire ne saurait, par privilége, échapper à cette fatalité. Le grec des historiens, c'est-à-dire le grec appliqué aux grandes affaires de la vie, lutte longtemps avec succès contre la corruption générale ; il faut bien qu'un jour il la subisse. Encore empreint d'une juste dignité dans les Annales de Cantacuzène, général, homme d'État et disciple intelligent des anciens maîtres de la parole, voyez, cent ans plus tard, ce qu'il est devenu sous la plume de Georges Phrantzès. Le rapprochement des faits a ici une triste éloquence. Phrantzès est l'historien de la chute de Constantinople, après en avoir été le témoin et l'un des plus déplorables martyrs. Chez lui, malgré un fond sérieux de bon sens, la pensée comme le style offre l'image trop fidèle d'une double humiliation. Allié à la famille impériale et grand dignitaire du palais, il conserve quelques souvenirs de l'éducation savante qu'on s'efforçait de maintenir dans les écoles de Byzance. La préface de son livre ne manque pas de gravité On y retrouve la théorie de l'histoire exposée comme jadis dans Polybe, comme dans Agathias, comme dans Nicéphore Grégoras ou Cantacuzène. Certaines expressions rappellent même Hérodote, ainsi que certains débris de sculpture, enchâssés dans des constructions du moyen âge, y rappellent le siècle de Périclès au milieu de la barbarie. Mais une fois à l'œuvre, et quand il n'est plus soutenu par le classique lieu commun, Phrantzès nous laisse bientôt voir l'hellène dégénéré. Ce n'est pas que son langage soit tout à fait le romaïque : une lettre de Bessarion, écrite en ce grec populaire, et qu'il a insérée dans sa chronique, tranche assez nettement avec la couleur générale du récit ; mais le style de cette chronique, en sa rudesse et sa négligence, descend fort au-dessous du langage que l'étiquette officielle avait jusque-là maintenu à la cour de Constantinople. Le romaïque y pénètre et, pour ainsi dire, l'envahit de toutes parts, et, ce qui est plus grave, les sentiments et les idées témoignent d'un affaiblissement commun des esprits et des caractères.

Nous ne lui reprocherons pas de rendre quelque justice à Mahomet II. Ce grand capitaine, qui savait cinq langues, le grec, le latin, le syriaque, l'arabe et le persan, qui aimait à se faire lire les histoires d'Alexandre, d'Auguste et de Théodose, méritait peut-être le respect de ceux même qu'il venait opprimer; et d'ailleurs Phrantzès prend bientôt contre lui sa revanche d'indignation, lorsqu'il le voit installer à Constantinople un patriarche suspect de complaisance pour les Latins. Mais, sur ces questions même où sa conscience est vivement intéressée, écoutons un instant Phrantzès, pour apprécier ce qu'était alors l'éloquence d'un patriote byzantin. Notre langue répugne un peu, avec ses habitudes séculaires de correction et de gravité, à suivre l'allure défaillante du chroniqueur grec ; il faut qu'elle s'y essaye par devoir de fidélité; mais elle ne saurait reproduire cette bigarrure d'un style où l'idiotisme vulgaire se mêle à des restes d'élégance classique. Je choisis, pour en donner une idée, une page sur le célèbre concile de Florence où la Grèce tenta sa suprême chance de salut par un essai d'alliance avec les chrétiens de l'Occident.

« Le 27 novembre de la même année, le seigneur roi Jean, avec le seigneur patriarche Joseph et le seigneur despote Démétrius, beaucoup de princes du Sénat et de l'Église, et presque tous les métropolitains et évêques passèrent la mer pour se rendre au concile qui se préparait à Florence, concile auquel rien ne pouvait servir, ou plutôt qui ne pouvait servir à rien, et où l'empereur ne réussit pas mieux que les autres (?). Je ne dis pas cela contre les dogmes de l'Église, car ce sont choses dont le jugement revient à d'autres que moi. Il me suffit à moi de la croyance que mes pères m'ont ransmise, car je n'ai entendu dire à personne du parti contraire que nos dogmes soient mauvais, mais plutôt bons et anciens; et les leurs aussi ne sont pas mauvais, mais bons. Pour le montrer par une comparaison, nous traversions souvent avec d'autres la rue large et vaste qui mène à Sainte-Sophie, quelque temps après, d'autres ont trouvé une autre rue qui mène, disent-ils, au même lieu, et ils m'engagent ainsi à la prendre : « Venez, vous aussi, par cette rue que « nous avons trouvée; car, bien que celle que vous suivez soit « belle aussi et ancienne et qu'elle nous soit connue depuis « longtemps et pratiquée, pourtant celle que nous avons « trouvée est belle aussi. » Entendant dire, d'un côté, que cette rue est belle, et, de l'autre, qu'elle ne l'est pas, et que l'on ne peut s'accorder, pourquoi ne dirais-je pas en toute paix : « Allez à Sainte-Sophie par le chemin que vous vou« drez; quant à moi, je continue d'y aller par le chemin que « j'ai longtemps pris avec vous, et dont vous témoigniez vous « et nos ancêtres. » Ce n'est pas pour cela que je dis que le concile n'a servi à rien; c'est parce qu'on n'a pu s'accorder. (Puisse-t-il y avoir union des Églises, et que Dieu, après cela, me prive de la vue!) Pourquoi donc l'ai-je dit? Parce que la réunion du concile a été la première et grande cause pourquoi eut lieu l'invasion des infidèles contre Constantinople, et que de là sont venus et le siége et l'asservissement et tout notre malheur. » (II, 13.)

Le pauvre chroniqueur a raison, mais il sent les choses plutôt qu'il ne les conçoit, et quand il veut les dire, l'expression le trahit. Il serait injuste de comparer avec cette indigence de langage le style d'un Xénophon ou d'un Polybe. Mais on se rappelle malgré soi quelqu'un de ces écrivains, déjà qualifiés pourtant d'écrivains de la décadence, et qui, durant les dernières luttes du paganisme contre la foi chrétienne, ont eu à soutenir des thèses assez semblables à celles de l'annaliste byzantin. C'est Libanius, s'obstinant au vieux culte de Jupiter et maudissant « les hommes noirs, » c'est-à-dire les moines, qui démolissaient les temples et jetaient au feu les chefs-d'œuvre de Phidias; c'est Thémistius, invoquant, un peu tard, le beau principe de la tolérance pour protéger ce qui restait alors du paganisme détrôné. A la distance de dix siècles, il y a un fond d'idées communes entre Phrantzès et les deux sophistes : même obstination dans les deux sociétés que sépare leur foi religieuse, même intention de revendiquer au moins les libertés de la conscience. Or le langage a beaucoup d'élévation encore et de pureté chez les deux sophistes du IVe siècle. Au contraire, quelle mollesse d'expression et, j'ai presque dit, quel désarroi moral chez ce grec de Byzance aux prises avec sa théologie compliquée des embarras de la politique! Voilà bien l'historien d'une société qui s'abîme sous le despotisme ottoman.

La fin de Phrantzès fut digne, hélas! de son œuvre. Après

maint récit des humiliations de sa race, auxquelles s'ajoutent pour lui d'affreux malheurs domestiques, il nous raconte que, vers le printemps de l'an 6976 du monde, perclus de rhumatismes et trop pauvre pour remplacer son vêtement séculier, il s'est fait moine, sous le nom de Grégoire, et que sa femme Irène a suivi bientôt cet exemple : cela veut dire, en réalité, qu'ils entraient tous deux à l'hôpital, où fut, en effet, rédigé par Phrantzès le récit de la chute de Byzance chrétienne !

La critique se sent désarmée devant de pareilles misères.

On pouvait croire que la Chronique de Phrantzès marque l'extrême abaissement de la littérature chez les Grecs byzantins ; on se trompait. Un contemporain de Phrantzès, le Rhodien Georgillas, a déploré la chute de Constantinople en un style qui, par comparaison, relève presque celui du chroniqueur et lui rend, à nos yeux, une sorte de valeur littéraire. De tels livres mériteraient bien l'oubli où ils dormaient depuis quatre siècles, s'il n'y avait toujours quelque enseignement à recueillir dans une œuvre authentique et sincère, dans le moindre témoignage qui se rapporte à quelque grand événement de l'histoire.

Georgillas n'a été, pendant longtemps, connu que d'un petit nombre de curieux et par quelques citations que lui avaient empruntées nos lexicographes modernes. Un de ses trois poëmes est encore inédit. Le plus ancien, sa Légende de Bélisaire, a été publié récemment par un bibliophile anglais ; le second ouvrage l'a été en 1857 par M. Ellissen, dans son estimable collection de documents pour l'étude de la basse grécité : c'est la Complainte ou Lamentation, en vers dits *politiques*, sur la prise de Constantinople.

On a plusieurs exemples, soit en vers, soit en prose, de ces sortes de complaintes, dont la mode remonte aux premiers siècles de l'empire d'Orient et dans lesquelles la langue se montre souvent fort altérée. Pour n'en citer qu'un seul, il existe sur la prise de Constantinople, en 1204, par les Latins, un petit poëme écrit par un grec de Nicée, après la restauration de la dynastie nationale : ce n'est certes pas un chef-d'œuvre; on n'y pourrait pas signaler le moindre trait d'éloquence. Ce document toutefois n'est point, par sa forme, indigne de l'histoire, à laquelle il apporte des faits utiles à relever. Il montre un écrivain capable de quelque soin pour la versification et pour le style, un écrivain sans talent, mais qui a du moins le respect de lui-même. Le Rhodien qui aligne les mille vers du *Threnos* sur le désastre de 1453 n'a plus même ces modestes qualités.

Né dans un pays grec que n'atteignent pas encore les armes ottomanes, mais que déjà elles menacent, il sent que la Grèce peut tout craindre après avoir vu tomber sa capitale, et il déplore ce désastre avec la même douleur qu'un témoin oculaire. Constantinople était pour lui la reine des villes par ses richesses, par ses monuments religieux et civils, surtout par ses écoles savantes. Elle a commis sans doute, ou plutôt ses princes ont commis bien des fautes ; le peuple grec tout entier est bien corrompu, et il s'est attiré les châtiments du ciel. Mais le châtiment dépasse la faute, et celui qui l'inflige, le Turc, est un trop cruel instrument de la justice divine. Les Latins obéissent au Pape, mais ils sont chrétiens du moins. Ces serviteurs du Pape, que l'on maudissait en 1204, et auxquels on refusait alors le nom même de chrétiens, on les invoque aujourd'hui comme des libérateurs. S'il faut que Constantinople soit esclave, que du moins elle ne le soit pas des

Mahométans ; car une telle honte rejaillit sur l'Occident tout entier. Cet Occident, l'auteur l'a parcouru, nous dit-il, à pied et à cheval ; il en connaît les peuples principaux, leurs rois ou leurs doges ; il a été jusqu'en Angleterre au nord ; et, au midi, peut être a-t-il vu, du moins il connaît le royaume arabe de Grenade. Chacun de ces souvenirs lui devient occasion d'un belliqueux appel à la croisade : il y convie le Pape et ses cardinaux, le roi de France, les Anglais, les Génois, les Vénitiens, le duc de Bourgogne, ami des empereurs Jean et Constantin Paléologue. Il veut que la concorde enfin unisse tant de peuples chrétiens, tant de princes chrétiens contre les mécréants ; que l'on se garde surtout de faire alliance avec le Turc, race perfide, qui ne sait pas tenir un serment. « C'est par ces alliances qu'il a mangé le monde qu'il « gouverne. Si vous le laissez seulement deux ans respirer à « Constantinople, j'en jure par Dieu, il nous mangera tous. »

Voilà un trait qui date le livre, en même temps qu'il en laisse voir le rude langage. Il n'y avait donc pas deux ans que Byzance était prise ; c'est la date que confirment d'autres allusions du poëme à Jean Huniade et au séjour de Mahomet dans la ville d'Andrinople après la prise de Byzance. Sans doute le pèlerin patriote revenait de son voyage à travers l'Europe, quand il épancha sa douleur en vingt-quatre longs couplets à moitié rimés, pleins de désordre et de redites, qui sont comme le chant d'agonie d'une littérature expirante. L'auteur souhaite ardemment que son cri de détresse soit entendu au loin. L'imprimerie venait à peine de paraître ; il ne la connaît pas, et c'est aux copistes qu'il adresse plusieurs fois la prière de répandre, autant qu'ils pourront, ses vers dans toute la chrétienté, « chez les rois, les

« princes et les princesses, car il a confiance qu'il y va de l'in- « térêt commun des grands et des petits. » Si haut pourtant que parle ce Jérémie de la Jérusalem byzantine, et quelque besoin qu'il ait d'une publicité bruyante, il n'ose pas déclarer son nom ; il a ses raisons, dit-il, pour garder là-dessus le silence; seulement il donne à qui pourra comprendre une sorte de signalement de sa personne, signalement devenu pour nous une énigme. Est-ce à dire que notre versificateur fût un personnage considérable ? Je ne le crois pas. S'il faut l'appeler encore un lettré, c'est un lettré du plus bas étage. A chaque page de la complainte se marque le profond sentiment de sa petitesse, sentiment qui paraît, hélas! très-légitime. Quelques souvenirs historiques de Justinien, d'Héraclius et des gloires de l'ancien Empire, sont à peu près le seul témoignage de son érudition. Quant aux faits contemporains, c'est à peine si on en relève chez lui deux ou trois qui profitent à l'histoire. Par exemple, il semble parler sur des renseignements précis, quand il atteste que la Porte avait alors sous les armes « cent mille soldats d'élite, cent mille janissaires, et (je voudrais ne pas l'en croire) trente mille renégats francs, » qu'il appelle même des *français*. D'autre part, à la façon dont il parle de Constantin Dragazès, le dernier défenseur de l'Empire, on ne sait vraiment pas s'il le tient pour mort ou pour vivant. Peut-être, n'ayant point vu de ses propres yeux la prise de la ville sainte, croit-il encore que Dieu aura sauvé Dragazès. Sa piété naïve n'espère-t-elle pas que des anges seront venus alors du ciel pour sauver de la profanation les reliques des saints? Ainsi nous verrions commencer, avec le témoignage même d'un contemporain, la légende, encore vivante en Orient, qui raconte que l'héritier des Constantins survécut à la prise de sa capitale par les Turcs, et qu'il attend, caché en un réduit mystérieux, le jour d'une éclatante réparation.

Il y a donc, on l'avouera, quelque intérêt historique dans cette composition si peu littéraire. Elle ajoute un ou deux traits au tableau tracé par les annalistes d'un événement à jamais déplorable. Mais ce qui surtout est instructif, ce qui saisit le cœur et l'imagination, c'est le personnage même du malheureux versificateur ; c'est la sincérité de l'inspiration qui le pousse à écrire, malgré sa faiblesse, pour la défense du nom grec et de sa religion. Sans cesse il revient à ces excuses, à ces protestations, comme il revient à son pressant appel pour la croisade ; et, bien que fatigants par leur monotonie, ces refrains font passer dans notre âme l'émotion que réveille, autour d'un tombeau, le chant des prières funèbres. Il semble que l'auteur l'ait compris lui-même, car il appelle quelque part son chant de douleur un *myriologue*, ce qui est le nom des complaintes en vers que les paysannes grecques improvisent sur le cercueil des défunts. Le désespoir éclate à chaque page de ces mortels couplets, écrits en un langage qui ne peut que le justifier. Que penser de l'état d'un peuple où le plus ardent patriotisme, parlant pour la plus sainte des causes, ne trouve que des accents comme ceux que je vais essayer de vous rendre ?

« Plaise au maître, au fabricateur du monde, aux douze « apôtres, aux quatre évangélistes [qui sont] la foi du chré« tien, et qu'ils me donnent pour cela raison et science, pour « que j'écrive quelque petite chose de lamentable pour la « grande ville ! Car je n'ai pas de sagesse et de raisonnement « pour cela, pour écrire sur ce sujet comme il faut et convient.

« Que le Dieu puissant qui donne la science m'éclaire, moi « aussi, pour les détours du vers, et que moi aussi je fasse un « poëme qui n'ennuie personne, mais qui plaise à tous. Qu'il « soutienne mon esprit et mon intelligence (enfin, j'espère en « Dieu!) pour qu'on l'accueille bien, qu'il plaise à beaucoup « de gens, et qu'on le transcrive, qu'on l'honore beaucoup et « qu'on le prise, et qu'on verse des larmes abondantes sur « la malheureuse ville, qu'on verse des gémissements du « cœur et des contritions.

« Et maintenant, seigneurs, écoutez mon discours. Mon « prologue dit qu'il sera petit; mais il s'agit d'une grande « chose, d'une ruine du monde comme au déluge de Noé; et « vous tous qui lisez le texte de ce discours, je vous en con- « jure, ne soyez point fatigués; parcourez-le tout entier, « allez jusqu'à la fin, et si je fais quelque faux pas (Il en fait « beaucoup et de tout genre), ne m'accusez point, priez Dieu « que je fasse mon salut, que je vive avec honneur et qu'il « me donne la santé. »

Ce qui suit renouvelle les mêmes idées avec la même platitude; on n'ose plus traduire. Je saute dix feuillets pour signaler au moins quelques lignes où le ton se relève, et cela (j'aime à le remarquer) quand l'auteur parle de la France :

« O roi Constantin, tu as eu un pénible sort. J'en veux « donner connaissance au plus illustre prince de l'Occident, « au roi de Paris, au premier des princes du pays de l'Oc- « cident. France, pleine d'honneur et de renommée, guer- « riers français, mes braves soldats, ayez-en l'assurance : la « grande ville est perdue! que paraisse votre puissance et « votre armée! courez hardiment, avec sagesse et valeur, « pour faire la vengeance de l'humble ville! Car la maison

« royale venait de France (j'ignore vraiment où est la preuve « de cette généalogie). Il est donc juste de porter secours à « vos parents. Ainsi ne tardez pas et éveillez-vous sur-le-« champ, et venez avec le secours du Dieu tout-puissant, « pour faire bonne guerre aux gens de Mahomet. C'est la « volonté de Dieu que vous couriez contre les païens. »

Il y a quelque chose de touchant dans cette invocation du nom de la France. Nous sommes volontiers indulgents pour une telle confiance, et nous voudrions qu'elle eût porté bonheur au poëte. Mais voyez comme il reprend son discours et retombe dans sa plate monotonie :

« Il faut maintenant que j'abrége beaucoup. Je me tourne « vers les Anglais. Anglais sages et honorables entre les « peuples armés, je ne sais plus quelles paroles vous « dire, etc. »

Il faut que j'abrége! et il écrira plus de sept cents vers encore, pour finir, comme il a commencé, en déclarant que la Grèce est abattue sans ressource, et qu'aux seuls princes de l'Occident il appartient de la relever. Rien n'est triste et navrant comme ce cri d'une nationalité souffrante, et à ce titre digne de compassion, mais d'une nationalité qui s'abandonne et qui ne sait plus trouver en elle-même la moindre force contre ses malheurs. Les Grecs renouvelleront souvent, du quinzième au dix-neuvième siècle, la complainte de leur désespoir. Je la trouve dans maint écrit venu de l'Orient depuis la chute de Byzance, durant cette période où l'Europe latine grandit et s'affermit dans des luttes fécondes. Je la trouve, par exemple, jusque dans la préface d'une grammaire de la langue romaïque, humblement dédiée par Simon Portius, en 1638, au puissant cardinal de Richelieu.

Mais elle ne devait être entendue que le jour où les Grecs ne se borneraient plus à prier Dieu et les hommes, où ils commenceraient par s'aider eux-mêmes, et par prouver, en agissant, qu'ils n'étaient pas un peuple mort à jamais. On ne peut refuser quelque pitié à l'orateur impuissant de la Grèce, avilie par ses fautes, autant qu'opprimée par la force de ses ennemis. Mais ces lamentations presque inarticulées de Georgillas ne sont même pas dignes des derniers défenseurs de Constantinople, chez qui brilla, au moins, par exception, quelque courage. C'est l'accent de la mendicité plus encore que la voix du patriotisme vaincu, mais protestant contre sa défaite. La langue grecque ne reprendra un peu de vigueur que lorsque le caractère national, enfin retrempé par de longues épreuves, enfin excité par une juste émulation à l'égard de l'Occident, tentera un énergique effort pour secouer le joug ottoman. Les plus anciennes chansons klephtiques parvenues jusqu'à nous marquent le moment de ce réveil tardif; on y entend un accent nouveau de patriotisme et de courage; elles font pressentir l'hymne de Rhigas et les victoires de l'indépendance. Parmi les écrits en prose, qu'on lise les récits de Colocotronis *sur les Événements de la race grecque entre* 1770 *et* 1836, c'est-à-dire entre une première révolte avortée et l'insurrection victorieuse qui constitua le royaume hellénique avec le secours de l'Occident chrétien. Dans ces mémoires écrits sous la dictée d'un vieux Pallikare, à ce langage bien grossier, mais énergique, on reconnaît du moins les sentiments de l'hellénisme actif, fier de sa force et confiant en ses destinées. C'est alors, mais alors seulement que l'on se convainc que la Grèce va reprendre sa place parmi les nations, parce qu'elle l'a voulu, et qu'elle s'est mise à l'œuvre sans nous attendre. Le héros n'est pas un lettré ; comme tant d'autres Pallikares, il ne sait ni lire ni écrire, et pourtant il marque déjà sa langue d'une empreinte particulière, qui est celle même de la vie.

L'éditeur des Mémoires historiques de Colocotronis, annonçant cette publication au milieu d'une assemblée de patriotes athéniens, s'écriait dans un élan d'admiration pour son héros : « Comme historien, Théodore Colocotronis se range « parmi les nombreux auteurs qui ont raconté les guerres « de l'Asie avec l'Europe ; mais, comme Grec, il est, je crois, « le troisième après Homère et Hérodote. Tous trois se res« semblent comme trois rayons partis d'un même centre lu« mineux ; tous trois ont pour patrie la Grèce, pour sujet la « guerre de l'Europe contre l'Asie ; tous trois parlent la lan« gue hellénique, chacun à la manière de son siècle, chacun « inspiré par l'esprit de son siècle ; sa langue est nourrie de « la langue du temps qui a précédé ; ce n'est pas une œuvre « d'imagination. Ils se ressemblent pour la suite et l'enchaî« nement des idées et par le tableau des événements qu'ils « racontent... » ; et plus bas, M. Terzetis ne craint pas d'ajouter que Colocotronis est, en un sens, peut-être supérieur à Homère, pour avoir raconté ce qu'il a fait lui-même avec ses pareils ; il lui semble que son récit est pour nous ce que serait le journal de la guerre de Troie écrit par Agamemnon, par Ulysse ou par Diomède. Il y a plus que de l'enthousiasme, il y a quelque naïveté dans un tel rapprochement. Et pourtant ne nous hâtons pas de sourire ; un fond de vérité soutient ces hyperboles patriotiques. Le feu qui anime les pages dictées par le vieux soldat à son jeune ami, est bien celui de l'hellénisme renaissant, et renaissant avec les fortes vertus qui sont un gage assuré d'avenir.

La langue de Colocotronis n'est certes pas celle d'Homère ni celle d'Hérodote; mais elle les rappelle par un ton viril et sincère. Elle n'a point l'élégance énervée des rhéteurs byzantins; elle a plutôt une vigueur populaire et martiale. A peu près dégagée du mélange des mots turcs et des mots francs, que tant d'invasions déposèrent, au moyen âge, sur le sol de la Grèce esclave, elle est vraiment hellénique par les racines; mais, par la grammaire, elle se rattache aux procédés qui caractérisent les langues modernes issues du latin; elle s'y rattache sans imitation, par des analogies naturelles, par la communauté du travail qui, depuis mille ans environ, a transformé tous les idiomes de l'Europe: c'est là une véritable originalité. Les Hellènes d'aujourd'hui dédaignent un peu, je le sais, cette langue vraiment populaire, et, comme elle n'a point encore réussi à se fixer par des chefs-d'œuvre, ils n'ont point scrupule de lui faire violence pour la ramener à l'atticisme de Thucydide et de Xénophon. On n'enseigne pas le romaïque dans leurs écoles; on n'y enseigne que le grec ancien, qui pénètre insensiblement dans les journaux, dans les livres d'histoire et de politique, dans les romans, non sans y prendre cette teinte uniforme, que l'esprit français répand à peu près sur toutes les littératures européennes. La poésie nationale résiste davantage à cette influence; mais à son tour elle paraît menacée de la subir. Je ne saurais que regretter, pour ma part, cette imitation artificielle et inopportune de l'Antiquité. Chaque langue, comme chaque nation de l'Europe moderne, a son génie propre, qui est l'expression de son histoire. La Grèce elle-même, si glorieuse qu'elle ait été jadis, ne peut renier tout à fait les siècles qui la séparent de Périclès, d'Alexandre ou de Théodose ; elle ne peut ressaisir aujourd'hui la langue des héros de Marathon ou d'Arbèles, pas même celle des premiers pères de l'Église, pas même celle du patriarche Photius, en qui elle s'obstine à honorer le représentant de ses libertés religieuses. Mieux vaut pour elle se résigner aux révolutions accomplies et ne pas tenter sur le grec populaire une réforme trop radicale (que les Hellènes mes contemporains, dont la sympathie m'honore, me permettent de le leur dire avec franchise). J'aime à voir l'éditeur, ou, plutôt, le secrétaire de Colocotronis, proclamer que l'œuvre historique du célèbre Pallikare est, comme sa vie, une glorieuse revanche des humiliations de la Grèce en 1453 ; mais, pour l'honneur de son héros, mieux vaut qu'il n'ait pas même essayé de lui faire parler le langage des salons d'Athènes et des académies de l'Occident.

Paris. — Typographie de Firmin Didot frères, imprimeurs de l'Institut, rue Jacob, 56.

www.ingramcontent.com/pod-product-compliance
Lightning Source LLC
LaVergne TN
LVHW010258230826
846091LV00007B/3040

* 9 7 8 2 0 1 3 6 9 6 8 4 5 *